Ferdinand von Schirach

JEDER MENSCH

Ferdinand von Schirach

JEDER MENSCH

Luchterhand

Am 4. Juli 1776 erklärten die dreizehn britischen Kolonien in Nordamerika ihre Unabhängigkeit von England. Der gedruckte Text war nur eine Seite lang. Er beginnt, nach einem kurzen Absatz, mit den Worten: »Folgende Wahrheiten erachten wir als selbstverständlich: dass alle Menschen gleich geschaffen sind; dass sie von ihrem Schöpfer mit gewissen unveräußerlichen Rechten ausgestattet sind; dass dazu Leben, Freiheit und das Streben nach Glück gehören.« Thomas Jefferson, der Hauptverfasser der Erklärung, hatte geschrieben, diese »Wahrheiten« seien »heilig & unbestreitbar«, aber Benjamin Franklin strich die Worte mit schwarzer Tinte durch und schrieb darüber, sie seien »selbstverständlich«.

Tatsächlich aber waren sie alles andere als das.

Elf Jahre nach der Unabhängigkeitserklärung trafen 55 Delegierte aus dem ganzen Land in Philadelphia ein. Sie tagten in einem Haus, dessen hohe Fenster trotz der Sommerhitze geschlossen blieben, und vereinbarten, für 50 Jahre Stillschweigen über ihre Debatten zu bewahren. Die Männer berieten die amerikanische Verfassung. Heute wird das Gebäude, in dem sie sich trafen, »Independence Hall« genannt, es ist auf dem 100-Dollar-Schein abgedruckt, wurde UNESCO-Weltkulturerbe und gilt als ein fast heiliger Ort. Aber damals besaßen 25 der Delegierten Sklaven; insgesamt lebten etwa 700000 Männer, Frauen und Kinder in der jungen Nation in Sklaverei. Der vielleicht klügste Mann des Konvents, Alexander Hamilton, hatte nur ein paar Jahre zuvor ein Buch – Thomas Hobbes' »Leviathan« – gekauft und seinem Vater geschrieben, Bücher seien so teuer, dass er schon bald »genötigt« sei, »einen Neger zu verkaufen«. George Washington, der den Konvent leitete, trug eine Zahnprothese aus Elfenbein und neun Zähnen, die seinen Sklaven gezogen worden waren.

Erst 1965, 189 Jahre nach der Unabhängigkeitserklärung, unterzeichnete der amerikanische Präsident Lyndon B. Johnson den »Voting Rights Act«, das Gesetz also, das Schwarzen das volle Wahlrecht jenseits aller Schreibtests und anderer formaler Hürden gab. Er sprach von einem »lähmenden Erbe aus Bigotterie und Ungerechtigkeit«. Aber, fuhr er in Anlehnung an die Hymne der Bürgerrechtsbewegung fort: »We shall overcome« – »Wir werden [dieses Erbe] überwinden.«

Die »selbstverständlichen Wahrheiten« waren 1776 also nur eine Utopie. Sie zeigten die Gesellschaft nicht, wie sie war, sondern wie sie sein sollte.

Das gilt auch für die zweite große Erklärung dieser Zeit. Ihr Verfasser, Marie-Joseph Motier, Marquis de Lafayette, stammte aus einer der ältesten Familien Frankreichs. Als er 16 Jahre alt war, wurde er mit einem 14-jährigen Mädchen verheiratet, das in eine noch reichere, noch ältere, noch angesehenere Familie geboren worden war. Der junge Lafayette diente in der königlichen Garde, mit 16 Jahren war er bereits Hauptmann. 1775 lernte er Abbé Raynal kennen, einen französischen Schriftsteller und Priester. Von ihm hörte Lafayette, vielleicht zum ersten Mal in seinem Leben, dass alle Menschen gleich seien und deshalb auch die gleichen Rechte beanspruchen dürften. Raynal war ein überzeugter Aufklärer, er konnte Lafayette begeistern – und das war alles andere als selbstverständlich. Der junge Marquis, der mit ungeheuren Privilegien und in kaum fassbarem Reichtum aufgewachsen war, der Könige und Thronfolger zu Freunden hatte und am feudalsten Hof Europas lebte, beschloss mit 19 Jahren, nach Amerika in den Krieg zu ziehen. Er quittierte seinen Dienst, kaufte ein Schiff, rüstete es aus und traf 1777 nach einer elfwöchigen Reise in Philadelphia ein. Er wollte sich in den Dienst der neuen Freiheitsidee stellen.

Eigentlich konnte das junge Amerika den Unabhängigkeitskrieg gegen Großbritannien nicht gewinnen. England war seit 300 Jahren unbesiegt, es verfügte über eine hervorragend ausgebildete Armee und die besten Waffen der Zeit. Die ersten Soldaten der jungen Konföderation dagegen konnten kaum so genannt werden, es waren Zivilisten, die eine Art Bürgerwehr bildeten. Überall fehlte es an Ausrüstung, Geld und Ausbildung. Wenigen tausend Männern auf amerikanischer Seite stand eine überwältigende Armee gegenüber: 32 000 Engländer, dazu fast 30 000 deutsche Soldaten, die von ihren Fürsten für diesen Krieg verkauft worden waren – es war das größte Expansionsheer, das je den Atlantik überquert hatte.

Lafayette diente unter George Washington, dem Befehlshaber der Rebellion. Seine erste Schlacht endete mit einem überraschenden Sieg für die Amerikaner und einer Kugel in seinem Bein. Washington war von dem jungen Mann so beeindruckt, dass Lafayette kurze Zeit später das Kommando über die Truppen aus Virginia erhielt. Den langen, grausam harten Winter verbrachten Washington und Lafayette im Lager Valley Forge. Die konföderierten Truppen waren inzwischen 17 000 Mann stark, aber nur 5000 Soldaten waren noch diensttauglich, über 2500 Männer starben in dem Lager an Unterernährung. In diesem Winter entstand die Freundschaft zwischen Washington und Lafayette, und als Lafayette im darauffolgenden Jahr zurück nach Paris reiste, taufte er seinen Sohn auf den Namen George Washington Lafayette. Kurze Zeit später kämpfte er wieder in Amerika, und erst nachdem die britische Armee vollständig kapituliert hatte, kehrte er dauerhaft nach Frankreich zurück. Auch in seinem Heimatland wurde er jetzt als Held gefeiert – die Franzosen hatten, ausgehandelt von Benjamin Franklin, mit der jungen amerikanischen Republik ein Bündnis geschlossen.

Für die meisten Menschen wäre ein solches Leben wohl genug gewesen, aber Lafayettes größte Leistung lag noch vor ihm. 1789 – er hatte inzwischen Friedrich den Großen getroffen, war französischer Generalmajor geworden und hatte die Nationalversammlung mitbegründet – verfasste er die »Erklärung der Menschen- und Bürgerrechte«. Unterstützt wurde er dabei von Thomas Jefferson, dem amerikanischen Botschafter in Paris, der später der dritte Präsident der Vereinigten Staaten werden sollte. Die amerikanische Unabhängigkeitserklärung und die »Erklärung der Menschen- und Bürgerrechte« ähneln sich deshalb – auch in dem ersten Artikel von Lafayettes Deklaration heißt es: »Die Menschen werden frei und gleich an Rechten geboren und bleiben es.« Lafayette brachte die Erklärung in die Nationalversammlung ein, drei Tage später wurde die Bastille, das Gefängnis in Paris, gestürmt, und die Französische Revolution begann.

Fast auf den Tag genau zwei Jahre später wurde Lafayette von einem der beliebtesten zu einem der meistgehassten Männer Frankreichs. Auf dem Marsfeld in Paris hatte sich der wütende Mob versammelt, um den König zu stürzen und zu lynchen. Unter dem Kommando Lafayettes schoss ein nervöser Soldat in die Menge, es kam zu einem Massaker mit zahlreichen Toten und Verletzten. Nach diesem Blutbad wurde Lafayette verdächtigt, dem König und seiner Familie die Flucht ermöglicht zu haben. Eine neue Regierung wurde gewählt, die Revolution entglitt ins Chaos, das Land versank im Terror. Robespierre beherrschte die Nationalversammlung, Marat forderte die Hinrichtung der Minister, des Königs und seiner ganzen Familie, Danton stellte einen Haftbefehl gegen Lafayette aus – gegen den Mann, der sein Leben lang für die Freiheit gekämpft hatte. »Was die Republik ausmacht, ist die vollständige Vernichtung dessen, was gegen sie ist«, schrie ein Abgeordneter in der Nationalversammlung. Anstatt Vernunft regierte die Guillotine, die auch deshalb eingesetzt wurde, um das Töten zu rationalisieren – Verurteilte konnten so schneller geköpft werden als mit einem Henkersbeil. Die »Erklärung der Menschenrechte« blieb eine Utopie, nur die Hoffnung auf eine bessere Welt.

Lafayette floh aus Paris, wurde verhaftet und jahrelang gefangen gehalten. Seine Frau hielt zu ihm, sie ließ sich sogar mit ihren zwei Töchtern zu ihm in den Kerker sperren. Erst als Napoleon an die Macht kam, konnte er wieder nach Frankreich zurückkehren, später wurde er weitgehend rehabilitiert. 1834 starb Lafayette in Paris.

83 Jahre später schien Frankreich im Ersten Weltkrieg gegen Deutschland zu verlieren. Die Vereinigten Staaten griffen ein, 1917 stellten sie sich auf die Seite ihres alten Verbündeten, es galt, die Freiheit zu verteidigen. Mitten im Krieg

marschierte ein US-Bataillon am amerikanischen Unabhängigkeitstag zum Cimetière de Picpus, dem Friedhof in Paris, auf dem Lafayette und seine Frau begraben liegen. Charles E. Stanton, ein amerikanischer Oberst, salutierte vor dem Grab und sagte: »Lafayette, we are here!«

Und heute?

Am 1. Dezember 2009 trat die »Charta der Grundrechte der Europäischen Union« in Kraft. Ihre Geburt war schwierig. Ein Konvent aus Beauftragten der Staatschefs, Mitgliedern des Europäischen Parlaments, nationalen Parlamentariern und einem Vertreter der Europäischen Kommission hatte sie bereits im Jahr 2000 erarbeitet. Aber die Charta wurde zunächst nicht rechtswirksam: Der Verfassungsvertrag von 2004, in den sie eingebunden war, wurde in Frankreich und den Niederlanden abgelehnt. Erst fünf Jahre später wurde in den Vertrag von

Lissabon ein Verweis auf die Charta eingefügt, seitdem ist sie geltendes Recht.

Diese Charta der Grundrechte ist eine sehr fein austarierte Vereinbarung, sie basiert auf der Menschenrechtskonvention, der Sozialcharta, den Verfassungen der EU-Mitgliedsstaaten und der Rechtsprechung der europäischen Gerichtshöfe. Sie gibt, wenn man so will, den Geist der Verfassungen und des Rechts aller Länder der Europäischen Union wieder. Aber so brillant dieser Kompromiss auch ist – er hat nicht die Kraft der Erklärungen von 1776 und 1789. Auch heute wissen nur 12 Prozent der Menschen in Europa, was diese Charta überhaupt ist. Und selbst wenn EU-Mitgliedstaaten sie systematisch verletzen, kann sie nicht vor den Europäischen Gerichten eingeklagt werden.

Nie zuvor war zwischen den Ländern Europas so lange Frieden wie seit Ende des Zweiten

Weltkriegs. Nie zuvor konnten wir unsere Lebensentwürfe so selbstbestimmt verwirklichen, nie zuvor war unser Leben in einem solchen Umfang in Würde, Freiheit und Gleichheit möglich. Die Utopien der großen Erklärungen der Menschheit wurden weitgehend wahr.

Aber jetzt stehen wir vor ganz neuen Herausforderungen. Die Unterzeichner der amerikanischen Unabhängigkeitserklärung und der Erklärung der Menschenrechte, die Mütter und Väter der alten Verfassungen in Europa kannten das Internet und die sogenannten Sozialen Medien nicht, sie wussten nichts von der Globalisierung, der Macht von Algorithmen, der künstlichen Intelligenz und dem Klimawandel. Die Gefahren, denen wir heute ausgesetzt sind, waren damals noch nicht einmal zu erahnen.

Stellen Sie sich deshalb vor, es gäbe sechs neue Grundrechte. Grundrechte, die einfach sind, naiv und Ihnen utopisch erscheinen mögen. Aber genau darin könnte ihre Kraft liegen.

Wir,

die Bürgerinnen und Bürger der Europäischen Union,

erachten die nachfolgenden Grundrechte,

in Ergänzung der Allgemeinen Erklärung der Menschenrechte, der Europäischen Menschenrechtskonvention, der Charta der Grundrechte der Europäischen Union und der Verfassungen ihrer Mitgliedsstaaten,

als selbstverständlich:

Artikel 1 – Umwelt
Jeder Mensch hat das Recht, in einer gesunden und geschützten Umwelt zu leben.

Artikel 2 – Digitale Selbstbestimmung
Jeder Mensch hat das Recht auf digitale Selbstbestimmung. Die Ausforschung oder Manipulation von Menschen ist verboten.

Artikel 3 – Künstliche Intelligenz
Jeder Mensch hat das Recht, dass ihn belastende Algorithmen transparent, überprüfbar und fair sind. Wesentliche Entscheidungen muss ein Mensch treffen.

Artikel 4 – Wahrheit
Jeder Mensch hat das Recht, dass Äußerungen von Amtsträgern der Wahrheit entsprechen.

Artikel 5 – Globalisierung
Jeder Mensch hat das Recht, dass ihm nur solche Waren und Dienstleistungen angeboten werden, die unter Wahrung der universellen Menschenrechte hergestellt und erbracht werden.

Artikel 6 – Grundrechtsklage
Jeder Mensch kann wegen systematischer Verletzungen dieser Charta Grundrechtsklage vor den Europäischen Gerichten erheben.

Manche werden sagen, diese Rechte seien zu einfach, zu unpräzise, zu unausgereift, sie hätten keine gesetzlichen Verfahren durchlaufen, Experten seien nicht gehört worden, und nie hätte eine Kommission darüber entschieden. Andere werden einwenden, man bräuchte überhaupt keine neuen Rechte, das alles gebe es bereits in Ansätzen, und man käme mit dem zurecht, was man schon habe.

Nun, Ansätze sind nicht das Ganze, Einfachheit ist selten ein Nachteil, und juristischer Streit darüber, welche Wirkungen die neuen Rechte haben werden, ist notwendig und richtig. Diese Rechte sind eine Ergänzung unserer Grundrechte in Europa, keine Kritik an ihnen. Sie werden das Bestehende nicht zerstören, sondern es fördern, es deutlicher, verständlicher und zeitgemäßer machen. Wie diese Rechte umgesetzt werden, kann noch offenbleiben – die Europäische Union selbst sieht Verfahren der Bürgerbeteiligung und die Einberufung eines Verfassungskonvents vor; das mag ein Weg sein, es sind andere denkbar. Jetzt müssen wir grundlegende Fragen beantworten: Wie können wir den Herausforderungen unserer Zeit begegnen? Wie organisieren wir unsere Gesellschaft besser? Wir müssen heute erneut entscheiden, wer wir sein wollen.

Und was können Sie tun?

Sie müssen nicht mehr, wie Jefferson, Franklin und Washington, in einem verregneten Sommer quer durch das Land zu einem Konvent reiten. Sie müssen auch in keiner Schlacht kämpfen, nicht in einer Holzhütte hungernd einen harten Winter durchstehen, und Sie laufen nicht mehr Gefahr, von einer Guillotine geköpft zu werden. Die Bastille kann heute im Internet gestürmt, die »Independence Hall« durch Onlineforen ersetzt werden. Die Menschen sind ja längst schon keine bloßen Nachrichtenempfänger mehr, sie sind sehr mächtige Sender geworden.

Dennoch: eine direkte, eine absolute Demokratie wäre furchtbar gefährlich. Stellen Sie sich vor, am Tag nach dem Sexualmord an einem Kind würde über die Wiedereinführung der Todesstrafe abgestimmt – die Mehrheit wäre vermutlich dafür. Es ist vernünftig, dass unsere Staaten als repräsentative Demokratien organisiert sind. Nur sie, nur ihre komplizierten Regeln, nur ihre Ausgewogenheit und Langsamkeit, nur das, was die Amerikaner »checks and balances« nennen, ordnen unsere schwankenden Gefühle, sie lehnen Wut und Rache als Ratgeber ab, sie achten den Menschen, und am Ende sind sie es, die uns vor uns selbst schützen. Volksabstimmungen dagegen sind, wie ein deutscher Bundespräsident vor 70 Jahren schon sagte, eine Prämie für Demagogen. Nur im kleinen Rahmen, nur auf lokaler Ebene, sind sie sinnvoll.

Und warum dann trotzdem eine Abstimmung über diese neuen Grundrechte? Wieso nicht darauf vertrauen, dass die Abgeordneten der Parlamente eines Tages schon darüber diskutieren werden? Die Antwort ist einfach: Weil sie so nicht durchsetzbar sind.

Das Wesen der demokratischen Politik ist der kluge Kompromiss, es sind die kleinen Schritte und der vorsichtige Ausgleich von Interessen. Vieles geht scheinbar zu langsam, aber genau dadurch achtet unsere Gesellschaft die Würde des Menschen, dadurch ist sie rechtsstaatlich. China und andere autoritäre Systeme können ja niemals ein Vorbild für uns sein.
In der Corona-Pandemie hat sich gezeigt, dass auch in einer Demokratie fast alles möglich wird, wenn Gefahr droht. Diese Kraft brauchen wir auch jetzt. Die Umwälzungen der letzten Jahrzehnte sind zu gewaltig, der alte Rahmen für das freie Spiel der Kräfte ist verbogen, an manchen Stellen ist er schon zerbrochen. Aber wenn wir wollen, können wir die Zukunft noch einmal so gestalten, wie die amerikanische Un-

abhängigkeitserklärung und die Erklärung der Menschenrechte es in ihrer Zeit getan haben. Nichts hat eine solche Kraft wie der gemeinsame Wille der Bürgerinnen und Bürger. Es sind ja unsere Gesellschaft, unsere Welt und unser Leben. Und wir sind es, die Verantwortung für die Menschen tragen, die schwächer sind als wir.

Sie können also am Schreibtisch auf Ihrem Laptop oder im Kaffeehaus auf Ihrem Smartphone für die neuen Rechte stimmen. Es scheint in dieser neuen Zeit einfach zu sein. Aber in Wirklichkeit ist es das natürlich nicht. Weltkonzerne, die jede Gewohnheit, jede Krankheit, jede sexuelle Präferenz, jeden Tagesablauf und jede Äußerung von Milliarden von Menschen kennen und für die solche Daten eine Handelsware sind, wollen sich nicht regulieren lassen. Auch dem Recht auf eine gesunde und geschützte Umwelt und dem Recht auf Waren, die ohne Kinderarbeit und ohne moderne Sklaverei hergestellt werden, stehen massive finanzielle Interessen entgegen. Sie alle werden sich wehren, und das ist auch ihr Recht.

Es wird also ein langer, komplizierter und teurer Weg, und Sie werden Ihre Entscheidung immer wieder verteidigen müssen. Aber Sie werden den nachfolgenden Generationen etwas Glückliches, etwas Strahlendes hinterlassen. Und irgendwann werden Sie sagen können: »Lafayette, wir sind hier.«

ANMERKUNGEN

1. Abstimmung

Wenn Sie in einem Land der Europäischen Union wohnen, können Sie über die Website www.jeder-mensch.eu oder über den untenstehenden QR-Code für die neuen Grundrechte stimmen. Es gibt keine »Erstunterzeichner« und keine unterschiedliche Gewichtung der Stimmen.

2. Spende

Sämtliche Einkünfte aus diesem Buch spende ich einem gemeinnützigen Verein, der sich um die Durchsetzung dieser Rechte bemüht.

3. Dank

Für ihr Engagement danke ich den Rechtsanwälten Prof. Dr. Remo Klinger, Dr. Ulrich Karpenstein und Dr. Bijan Moini sowie den Hochschullehrern Prof. Dr. Armin von Bogdandy und Prof. Dr. Jens Kersten. Sie alle sind weitaus bessere Juristen, als ich es bin. Ohne ihre Hilfe hätte ich diesen Text nicht schreiben können. Ebenso danke ich Alexa und Johannes von Salmuth, die seit der ersten Stunde die Ideen dieses Buches unterstützen.

4. Persönlich

Der Urgroßvater meiner Urgroßmutter hieß Arthur Middleton, er war einer der 56 Gründerväter der Vereinigten Staaten, die 1776 die amerikanische Unabhängigkeitserklärung unterschrieben. Sein Schwager, Edward Rutledge, unterzeichnete diese Erklärung ebenfalls.

Mein Großvater, Baldur von Schirach, war einer der Hauptkriegsverbrecher der Nationalsozialisten, 1946 wurde er in Nürnberg zu zwanzig Jahren Gefängnis verurteilt. Er verriet alles, wofür seine Vorfahren gekämpft hatten.

Ich habe diesen Entwurf geschrieben, weil die Würde des Menschen unantastbar sein muss. Niemand darf zu einem bloßen Objekt gemacht werden. Diese große Idee der Aufklärung müssen wir auch heute wieder verteidigen. Die hier vorgeschlagenen Rechte dienen nur diesem Ziel.

DER AUTOR

Ferdinand von Schirach, geboren 1964 in München, ist Jurist, Dramatiker und Schriftsteller. Er lebt in Berlin.

ÜBER DIESES BUCH

Mit der amerikanischen Unabhängigkeitserklärung 1776 und der Erklärung der Menschen- und Bürgerrechte 1789 in Frankreich wurden die Grundsteine für unsere moderne Gesellschaft gelegt, für unsere Freiheit und unsere unveräußerlichen Rechte.
Das Erstaunliche an diesen Deklarationen ist, dass sie nicht die Wirklichkeit widerspiegelten. Die großen Manifeste der Menschheit verlangten eine Ordnung der Gesellschaft, die es noch nicht gab. Es waren Utopien.
Heute stehen wir vor ganz neuen Herausforderungen. Globalisierung, Digitalisierung, künstliche Intelligenz, Klimawandel: Die Gefahren, denen wir heute ausgesetzt sind, waren vor 200 Jahren noch nicht einmal vorstellbar. Wir brauchen deshalb neue, zusätzliche Menschenrechte.
Heute müssen wir wieder über unsere Gesellschaft entscheiden – nicht wie sie ist, sondern so, wie wir sie uns wünschen.

Sollte diese Publikation Links und Webseiten Dritter enthalten, so übernehmen wir für deren Inhalte keine Haftung, da wir uns diese nicht zu eigen machen, sondern lediglich auf deren Stand zum Zeitpunkt der Erstveröffentlichung verweisen.

Dieses Buch ist auch als E-Book erhältlich.

MIX
Papier aus verantwortungsvollen Quellen
FSC® C014889

Penguin Random House Verlagsgruppe FSC® N001967

7. Auflage
Originalveröffentlichung April 2021

in der Penguin Random House Verlagsgruppe GmbH,
Neumarkter Str. 28, 81673 München
Umschlaggestaltung: buxdesign
Satz: Uhl + Massopust, Aalen
Druck und Einband: Friedrich Pustet, Regensburg

Printed in Germany
ISBN 978-3-630-87671-9

www.luchterhand-literaturverlag.de
www.facebook.com/luchterhandverlag
www.twitter.com/luchterhandlit